Reinhard Feigl

Satellitennavigationssysteme

GPS und GALILEO –
Koexistenz oder doch Konkurrenz?

Bachelor + Master
Publishing

Feigl, Reinhard: Satellitennavigationssysteme: GPS und GALILEO – Koexistenz oder doch Konkurrenz?, Hamburg, Bachelor + Master Publishing 2013

Originaltitel der Abschlussarbeit: Satellitennavigationssysteme: GPS und GALILEO – Koexistenz oder doch Konkurrenz?

Buch-ISBN: 978-3-95684-107-1
PDF-eBook-ISBN: 978-3-95684-607-6
Druck/Herstellung: Bachelor + Master Publishing, Hamburg, 2013
Covermotiv: © Kobes · Fotolia.com
Zugl. Fachhochschule des bfi Wien GmbH, Wien, Österreich, Bachelorarbeit, April 2013

Bibliografische Information der Deutschen Nationalbibliothek:
Die Deutsche Nationalbibliothek verzeichnet diese Publikation in der Deutschen Nationalbibliografie; detaillierte bibliografische Daten sind im Internet über http://dnb.d-nb.de abrufbar.

© Bachelor + Master Publishing, Imprint der Diplomica Verlag GmbH
Hermannstal 119k, 22119 Hamburg
http://www.diplomica-verlag.de, Hamburg 2013
Printed in Germany

Inhaltsverzeichnis

Darstellungsverzeichnis

Abkürzungsverzeichnis

BMVBS	Bundesministerium für Verkehr, Bau und Stadtplanung BRP Deutschland
COSPAS	Kosmitscheskaja Sistema Poiska Avariynich Sudow
CS	Commercial Service
DGPS	Differential Global Positioning System
DLR	Deutsches Zentrum für Luft- und Raumfahrt eV
DME	Distance Measuring Equipment
EG	Europäische Gemeinschaft
EGNOS	European Geostationary Navigation Overlay Service
ESA	European Space Agency
EU	Europäische Union
GATE	German GALILEO Test and Development Environment
GLONASS	Globalnaja nawigazionnaja sputnikowaja sistema
GNSS	Global Navigation Satellite System
GPS	Global Positioning System
M-Code	Military Code
MCS	Main Control Station
NATO	North Atlantic Treaty Organisation
NAVSTART	Navigation Satellites with time and ranging
NAVWAR	Navigational Warfare
NCO	National Coordination Office for Space-Based Positioning, Navigation and Timing
NSCC	Navigation System Controll Center
OS	Open Service
P-Code	Public Code
PPS	Precision Positioning Service
PRS	Public Regulated Service
SARSAT	Search And Rescue Satellite-Aided Tracking
SoL	Safety-of Life-Service
SPS	Standard Positioning Service
UdSSR	Union der Sozialistischen Sowjetrepubliken
USA	United States of America
WAAS	Wide Area Augmentation System

Abstract in Deutsch

Das Ziel der Arbeit ist es, anhand gängiger facheinschlägiger Literatur und rele-
vanter Webseiten theoretisch die Satellitennavigationssysteme GPS und GALI-
LEO mit allen Details – Komponenten, Frequenzen, Services, Einsatzgebiete und
Weiterentwicklung – zu erläutern. Diese detaillierten Beschreibungen dienen als
Basis zur Beantwortung der gestellten Forschungsfrage: „Ist GALILEO die Entwicklung eines Konkurrenzproduktes von GPS oder ist eine vernünftige Koexistenz beider Systeme möglich?"

Ein wichtiger Aspekt in dieser Arbeit ist, dass sich das System GALILEO erst im
Testbetrieb befindet und GPS bereits seit mehreren Jahrzehnten operativ im Einsatz ist. Für die Wirtschaft und auch die Benutzer spielt die technische Weiterentwicklung im Laufe der Zeit eine große Rolle. Die Erweiterung der Frequenzbänder
und die dadurch größere Produktvielfalt wird in Zukunft die Produktlandschaft der
Satellitennavigation revolutionieren.

Abstract in Englisch

The aim of this bachelor thesis is the in-depth analysis of the satellite navigation
systems GPS and GALILEO related to components, frequencies, range of services, fields of application as well as further development. The research is based
on currently relevant literature and internet content. The detailed approach out-
lined above shall serve as basis to provide a sufficient answer to the research
question: "Does GALILEO represent a competitive product towards GPS or will it
be possible to observe a reasonable coexistence between both systems?".

Major aspect of this bachelor thesis is the fact that GALILEO is still in the testing
phase while GPS looks at decades of full operation. In the course of time the tech-
nological development will play an important role for both the economy and the
end-users. The extension of frequency bands and consequently the greater product variety may considerably revolutionize future satellite navigation.

1 Einleitung

1.1 Themenstellung und Relevanz der Themenstellung

GPS ist ein vom Militär der USA entwickeltes und kontrolliertes Satellitennavigationssystem welches weltweit, jedoch kostenpflichtig, verwendet werden kann. Das System steht unter ständiger Kontrolle und kann bei Bedarf nur für militärische Zwecke eingesetzt werden und im Zuge von Notfällen ausgeschaltet werden.[1]

GALILEO ist ein von der Europäischen Union beschlossenes und beauftragtes Satellitennavigationssystem welches der Unabhängigkeit der EU von den Vereinigten Staaten dienen soll. Es sollte zuerst ausschließlich zivilen Zwecken dienen, jedoch wurde in weiterer Folge beschlossen, dass das System auch zur Unterstützung der europäischen Sicherheitspolitik dienen soll.[2]

Ein wichtiger Aspekt in dieser Arbeit ist, dass sich das System GALILEO erst im Testbetrieb befindet und GPS bereits seit mehreren Jahrzehnten operativ im Einsatz ist. Für die Wirtschaft und auch die BenutzerInnen spielt die technische Weiterentwicklung von Komponenten im Laufe der Zeit eine große Rolle. Die Erweiterung der Frequenzbänder und die dadurch größere Produktvielfalt, wie kombinierte GPS und GALILEO Empfänger für den Personenverkehr, neue auf GALILEO basierende Mautsysteme für den LKW-Verkehr, etc., kann in Zukunft die Produktlandschaft der Satellitennavigation revolutionieren. Diese Revolution kann durch die Konkurrenz bzw. die Koexistenz der beiden Produkte unterschiedlich beeinflusst werden.

In weiterer Folge, ist die höhere Genauigkeit von GALILEO aufgrund einer höheren Anzahl von Satelliten und der weiterentwickelten Technologie zu berücksichtigen. Eine Zusammenarbeit der beiden Satellitennavigationssysteme GPS und GALILEO kann die Zuverlässigkeit der Ortung erhöhen und ebenfalls die Genauigkeit der Positionsbestimmung steigern.

---

[1] Vgl. NCO (2012), online.
[2] Vgl. Mansfeld (2010), S. 241 f.

1

1.2 Formulierung der Forschungsfragen

Die Entwicklung des europäischen Satellitennavigationssystems GALILEO ist der primäre Auslöser für die Formulierung der Forschungsfragen. Derzeit existieren mehrere globale Satellitennavigationssysteme, wobei das System GPS heraussticht. GPS ist ein weltweit genutztes System. Nun stellen sich die Fragen, warum wird ein eigenes System entwickelt und wo sind die Unterschiede zwischen den beiden Systemen? Anhand dieser Überlegungen wurden folgende Forschungsfragen formuliert:

Forschungsfrage 1:

Ist GALILEO die Entwicklung eines Konkurrenzproduktes von GPS oder ist eine vernünftige Koexistenz beider Systeme möglich?

Forschungsfrage 2:

Worin unterscheiden sich die Systeme GPS und GALILEO. Haben die Systeme unterschiedliche Aufgaben bzw. wurden diese für unterschiedliche Benutzergruppen konzipiert?

1.3 Methodische Vorgehensweise

Die Methodik der vorliegenden Bachelorarbeit stützt sich auf die Recherche und inhaltliche Analyse von Basisliteratur und einschlägigen Internetquellen.

1.4 Aufbau der Arbeit

Die vorliegende Bachelorarbeit ist in drei Kapitel unterteilt. Im ersten Kapitel wird ein Überblick über das Satellitennavigationssystem GPS gegeben um die Funktionsweise und die Verwendung des Systems zu verstehen. Hier wird auf die Entwicklung, die Architektur und Funktionsweise, die Dienste und Features, die Evaluation der Technologie und Produktlandschaft und die Weiterentwicklung des Systems eingegangen. Im darauffolgenden Kapitel wird der Überblick über das Satellitennavigationssystem GALILEO gegeben. Es wird auf die gleichen Aspekte des Systems wie bei GPS eingegangen um die Funktionsweise und die Verwendung des Systems zu erläutern. Im dritten Kapitel wird auf die Ziele und Absichten der Betreiber von GPS (USA) und GALILEO (EU) eingegangen. Dieses Kapitel beschreibt wie es von einem seitens der USA vermuteten Konkurrenzkampf zu einer vernünftigen Koexistenz gekommen ist. Im Anschluss werden die wichtigsten Ergebnisse der Arbeit zusammengefasst um die formulierten Forschungsfragen zu beantworten.

1.5 Stand der Literatur

In dieser Arbeit werden nur Primärquellen verwendet. Das jeweilige Erscheinungsjahr kann dem Literaturverzeichnis entnommen werden. Das älteste Werk stammt aus dem Jahr 1999. Jedoch stellt dies kein Problem dar, da die Grundlagen des Satellitennavigationssystems GPS aus den 1990er Jahren und die Basisgrundlagen der Satellitennavigation aus den späten 1950er Jahren stammen. Aus diesem Grund ist der Stand der verwendeten Literatur als aktuell zu betrachten.

Die gängigen Werke von M. Bauer „Vermessung und Ortung mit Satelliten", W. Mansfeld „Satellitenortung und Navigation. Grundlagen, Wirkungsweise und Anwendung globaler Satellitennavigationssysteme", H. Dodel / D. Häupler „Satellitennavigation" bieten Grundlageninformationen zur Satellitennavigation und detailliertere technische Informationen zum Aufbau und zur Verwendung der Systeme GPS und GALILEO. Diese Basiswerke werden unterstützt von einigen Pressemeldungen der EU, Webseiten der Systeme GPS und GALILEO der jeweiligen Regierungen und Luftfahrtbehörden. Diese Zusatzinformationen liefern Zeitpläne, aktuelle Entwicklungen und Informationen über Aufgaben der Systeme und die dafür vorgesehenen Nutzergruppen.

2 GPS

2.1 Entwicklung

Die Geschichte der Satellitenortung beginnt in den 1950er Jahren. Die Sowjetunion beförderte ihren ersten Satelliten, Sputnik, am 4. Oktober 1957 in die Erdumlaufbahn. Sputnik wurde oft als Begründer der Kommunikationssatelliten gefeiert obwohl er nur ein Rundfunksatellit war. StudentInnen und AssistentInnen der John Hopkins University in Baltimore (USA) vermaßen die Bahnperioden und versuchten die unbekannten Bahnparameter mittels Triangulation (Bahnperiode, drei Bodenstationen und Dopplereffekt – Bewegen sich der Sender und der Empfänger der Welle gegeneinander so werden die Wellen gestaucht oder gezerrt. Bei Annäherung gelangen die Signale auf höhere Frequenz, bei Auseinanderbewegung auf tiefere Frequenz zum Empfänger[3]) zu errechnen bzw. zu simulieren. Daraufhin folgte der Umkehrschluss der John Hopkins University zur Triangulation. Es wurde ein Modell entwickelt indem mit drei Satelliten mit bekannten Bahndaten die unbekannten Koordinaten eines Punktes auf der Erde bestimmt werden können. Es wurden Transit-Satelliten gebaut und erfolgreich an die Navy der USA verkauft, welche dieses System bis in die 1990er Jahren weiterhin nutzte. Danach erfolgte die Ablöse durch das Satellitennavigationssystem GPS.[4]

Die Satellitennavigation setzt sich aus vier Säulen zusammen. Die drei Säulen Kommunikation, Rundfunk und Ortung/Navigation liegen eng beieinander und die vierte Säule der Satellitennutzung dient der Beobachtung. Alle vier Säulen basieren auf der Informationstechnik, der Logistik und der Ortung.[5] Kurz erklärt bedeutet das nach Dodel / Häupler:

> *„Der Kommunikationsteilnehmer muss geortet werden können, die Navigation basiert auf dem aktuellen Standort und dem Zielort, und die Beobachtung und Aufklärung sind nur dann nützlich wenn die beobachteten Ziele geortet sind.“[6]*

Aufgrund der Entwicklungen der UdSSR und der John Hopkins Universität waren in den frühen 1960ern die ersten Satellitennavigationssysteme, Transit der Navy der USA und ZIKADA der UdSSR-Marine im Einsatz. Die Systeme wurden damals

---

[3] Vgl. Alonso (2000) S. 549 f.

[4] Vgl. Dodel, H. / Häupler, D. (2010) S. 2.

[5] Vgl. Dodel, H. / Häupler, D. (2010) S. 2.

[6] Dodel, H. / Häupler, D. (2010) S. 2.

gleicherweise trivial konzipiert. Durch die Auswertung des Dopplereffekts der an Bord von 6 Satelliten generierten und abgestrahlten Signale konnte eine beliebige Position auf der Erde bestimmt werden. Eine genaue Ortung für einen bewegten Nutzer in Echtzeit konnte so natürlich nicht verwirklicht werden. Daher wurden die Systeme weiter entwickelt und es entstand in den USA das System NAVSTAR-GPS (Navigation Satellites with Timing and Ranging - Global Positioning System). Das Verteidigungsministerium der UdSSR kopierte das System und somit entstand die sowjetische Variante GLONASS (Globalnaja nawigazionnaja sputnikowaja sistema).[7]

Nach Bauer wurde GPS mit folgenden Zielen konzipiert und entwickelt:

> *„Einem GPS-Nutzer – egal ob in Ruhe oder in Bewegung – sollen extrem genaue Informationen über seine (dreidimensionale) Position, seine Geschwindigkeit sowie über die Zeit überall auf oder nahe der Erde zur Verfügung gestellt werden. Diese Informationen soll das System ständig liefern, unabhängig von Wetterbedingungen".*[8]

In der Zeit von 1974 bis 1995 fand der Ausbau von GPS in drei Phasen statt:[9]

- 1974 – 1979: 1. Überprüfungsphase:
  - o In dieser Phase wurde überprüft ob das ursprüngliche Konzept geeignet ist und das System den gewünschten Anforderungen entspricht.
- 1979 - 1985: 2. Überprüfungsphase:
  - o Konzentration auf die technische Entwicklung des Systems
- 1985 – 1995: Ausbauphase:
  - o Satellitenstarts Block I (1978 -1985):
    - Erster Satellit 22.02.1978
    - Bis Jahresende 1985 wurden elf weitere Satelliten gestartet.
  - o Satellitenstarts Block II (1989- 1990)
    - Bis Jahresende 1990 wurden weitere 9 Satelliten gestartet.
  - o Vollausbau: Die US-Air Force gab bekannt, dass das System GPS alle Voraussetzungen für den Echtbetrieb erfüllt.

---

[7] Vgl. Dodel, H. / Häupler, D. (2010) S. 6.

[8] Bauer (2011), S. 227.

[9] Vgl. Bauer (2011), S. 227.

Nach 1990 wurden weitere 50 Satellitenstarts durchgeführt. Die Lebensdauer der Satelliten beträgt zwischen 12 und 167 Monaten. Nach Ablauf der Lebensdauer werden die meisten Satelliten kontrolliert zum Absturz gebracht. Die restlichen Satelliten gelten als Weltraumschrott.[10]

Seit 2005 wird die Entwicklung des GPS unter dem Titel „GPS Modernization" weitergeführt. Man kann daher zwischen „legacy GPS" (Altsystem) und „modernized GPS" (weiterentwickeltes System) unterscheiden.[11]

2.2   Architektur & Funktionsweise

Das „Global Positioning System" setzt sich aus den folgenden drei Segmenten zusammen welche in weiterer Folge detaillierter beschrieben werden: [12]

- Raumsegment
- Bodensegment
- Nutzersegment

Die technische Abgrenzung ist Abbildung 1 zu entnehmen.

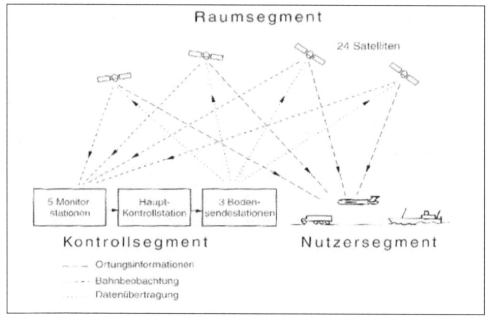

Darstellung 1: Segmente von GPS[13]

---

[10] Vgl. Dodel (2004), S. 182 ff.

[11] Vgl. National Coordination Office (2012), online.

[12] Vgl. Mansfeld (2010), S. 109.

[13] Vgl. Mansfeld (2010), S. 110.

2.2.1 Raumsegment

Die nominelle GPS-Satellitenkonstellation besteht aus 21 Satelliten sowie 3 aktiven Reservesatelliten um eine kontinuierliche Ortung an jedem Punkt der Erde zu jeder Zeit zu gewährleisten. Die 24 solarbetriebenen GPS Satelliten befinden sich in einer Höhe von 20.230 km und umlaufen die Erde in einer nahezu exakt kreisförmigen Bahn. Ein Umlauf benötigt 12 Stunden und daher spricht man auch von 12-h-Bahnen. Die Satelliten senden mit zwei Hochfrequenz-Trägern die Ortungssignale und die Daten der Navigationsmitteilung aus welche von dem/der NutzerIn empfangen und ausgewertet werden.[14]

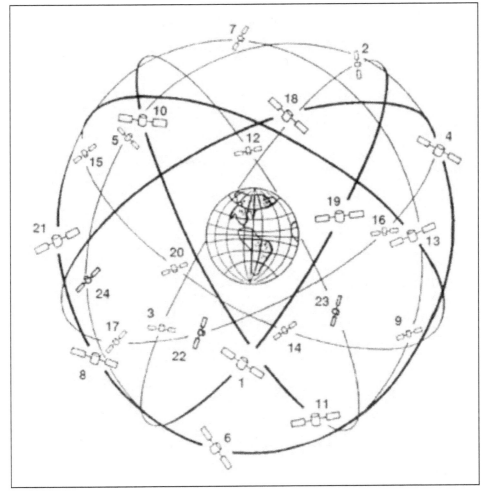

Darstellung 2: Umlaufbahnen der GPS-Satelliten[15]

[14] Vgl. Mansfeld (2010), S. 108 ff.

[15] Vgl. Mansfeld (2010), S. 110.

2.2.2 Bodensegment (Kontrollsegment)

2.2.2.1 Aufgaben

Das Bodensegment hat primär folgende Aufgaben:[16]

- Kontrolle des gesamten Systems

- Beobachtung der Satellitenbewegungen

- Beobachtung der Satellitenuhrzeiten

- Vorausberechnung der Ephemeriden (Bahndaten) der Satelliten und der Satellitenuhrzeit

Das Kontrollsegment besteht aus folgenden Stationen:[17]

- 1 Hauptkontrollstation (MCS) – Colorado Springs (Colorado, USA)

- 5 Monitorstationen – Colorado Spings, Hawaii (USA), Ascension Islands (Südatlantik), Diego Garcia (Indischer Ozean), Kawajalein (Nordpazifik)

- 3 Bodensendestationen – Ascension Islands, Diego Garcia und Kwajalein

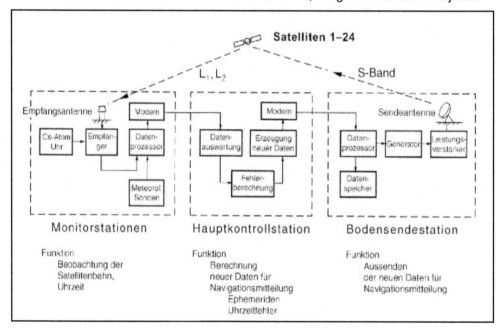

Darstellung 3: Bodensegment (Kontrollsegment)[18]

---

[16] Vgl. Mansfeld (2010), S. 113.

[17] Vgl. Mansfeld (2010), S. 113 ff.

[18] Vgl. Mansfeld (2010), S. 115.

2.2.2.2 Hauptkontrollstation

Die Hauptkontrollstation ist die zentrale Informations- und Rechenstelle des GPS Systems. Sie bekommt alle Beobachtungsergebnisse der Bahndaten sämtlicher GPS Satelliten von den Monitorstationen geliefert und berechnet den Lauf der Satellitenuhren. Anhand der Ergebnisse werden die Navigationsmitteilungen (diese bestehen aus den Berechnungen der Bahndaten und der Satellitenuhrzeit) formuliert und an die Bodenstationen übermittelt, welche die Navigationsmitteilungen dann an die Satelliten senden. Die Satelliten aktualisieren damit ihre gespeicherten Navigationsmitteilungen um diese dann wieder auszusenden. Dadurch soll gewährleistet werden, dass dem/der NutzerIn eine Ortung mit höchstmöglicher Genauigkeit geboten wird.[19]

2.2.2.3 Monitorstationen

Die Monitorstationen empfangen die Signale aller GPS-Satelliten und werten diese aus. Weiters werden die in der Berechnung der elektromagnetischen Wellen in der Tropo- und Ionosphäre entstandene Entfernungsmessfehler korrigiert. Durch die Korrekturen weisen die Endergebnisse eine sehr hohe Genauigkeit auf. Alle Monitorstationen übermitteln die Ergebnisse an die Hauptkontrollstation für weitere Berechnungen der Bahndaten.[20]

2.2.2.4 Bodenstationen

Die Bodenstationen senden die Navigationsmitteilungen und sonstige für den Satelliten relevante Daten an die Satelliten, sofern sich diese in deren Erfassungsbereichen befinden. Die detaillierten Frequenzen werden vom US Militär aus Sicherheitsgründen nicht veröffentlicht, aber es ist bekannt, dass sie im Bereich von 2 - 4 GHz liegen. Aufgrund der weiträumigen Verteilung der Bodenstationen kommt es zu maximal drei Kontakten pro Tag zwischen Kontrollsegment und jedem einzelnen Satelliten. Alle Kontakte werden genutzt um die Navigationsmitteilungen stets aktuell zu halten.[21]

---

[19] Vgl. Mansfeld (2010), S. 115.

[20] Vgl. Mansfeld (2010), S. 116.

[21] Vgl. Mansfeld (2010), S. 116.

2.2.3 Nutzersegment

Das Nutzersegment setzt sich aus einer großen Anzahl der mit GPS-Empfängern ausgestatteten Institutionen und Personen zusammen. Die GPS-Empfänger können nach Art der Verwendung von GPS-Signalen gegliedert werden:[22]

- Navigationsempfänger (Personennavigation, Verkehr, Flugverkehr, etc.)
- Zeitempfänger (Vergleich von Zeitskalen, zeitliche Synchronisation, etc.)
- Geodätische Empfänger (Vermessungen, Detail- und Topographische Aufnahmen, etc.)

- Spezialempfänger (militärische Zwecke)

2.3 Dienste und Features

Derzeit stehen zwei Kategorien von GPS-Diensten, Standard Positioning Service (SPS-Einfrequenzdienst) und Precision Positioning Service (PPS-Zweifrequenzdienst) zur Verfügung. In den zwei nachfolgenden Kapiteln werden beide Systeme eingehend beschrieben.

2.3.1 Standard Positioning Service (SPS-Einfrequenzdienst)

SPS überträgt auf der für jeden nutzbaren offenen Funknavigationsdienst L1-Frequenz (1,57542 GHz). In Notfällen kann es durch die „National Comman Authority"(die höchste militärische Befehlsgewalt der USA welche sich aus dem Präsidenten und dem Verteidigungsminister der Vereinigten Staaten von Amerika zusammensetzt) zu Restriktionen kommen. Der Dienst wird voraussichtlich bis zum Jahr 2014 weiterhin auf nur einer Frequenz laufen und bis auf weiteres werden keine Gebühren eingehoben. Für die Güte und die Verfügbarkeit des Signales wird von der Regierung der Vereinigten Staaten keine Haftung übernommen obwohl die US-Regierung im Jahr 2002 für das Gebiet der Vereinigten Staaten das Service SPS zum „Primary Means of Navigation" erklärt hat. [23]

Bei sicherheitskritischen Programmen wie zum Beispiel bei der Flugsicherung gibt es zwei Bedingungen für die Nutzung von SPS. Einerseits darf SPS nur in Verbindung mit einem zertifizierten Integrity-Dienst wie WAAS (Wide Area Augmentation System - amerikanisches Hilfssystem zur Korrektur von Satellitennavigationssystemen) und EGNOS (European Geostationary Navigation Overlay Service - euro-

---

[22] Vgl. Mansfeld (2010), S. 117.

[23] Vgl. Thaler (1999), S. 24.

päisches Hilfssystem zur Korrektur von Satellitennavigationssystemen), die eine „Time to Alarm" in Sekunden schnelle bieten und andererseits mit Navigationssystemen die beim Ausfall des SPS-Dienstes die „Continuity of Function" der Boardnavigation gewährleisten. Die Positionsbestimmung kann mit Hilfe der Hilfssysteme fast auf 4 m, statt der von GPS garantierten 7,8 m, korrigiert werden.[24]

2.3.2 Precision Positioning Service (PPS-Zweifrequenzdienst)

PPS überträgt auf der für jede/n NutzerIn verwendbare offene Funknavigationsdienst L1-Frequenz (1,57542 GHz) und auf dem von den amerikanischen Streitkräften und ihren Verbündeten nutzbaren militärischen Funknavigationsdienst L2-Frequenz (1,227600 GHz). Das Zusammenspiel der beiden Dienste L1 und L2 weist Schwächen auf. Die Nutzung von PPS ist dem US-Militär vorbehalten. Die Dienste bieten ein sehr geringes Signal/Rausch-Verhältnis und dies führt zu geringer Störresistenz. Die Erhöhung der Sendeleistung von GPS ist nicht möglich da darauf geachtet werden muss, dass die Abstrahlung der anderen Frequenznutzer wie Richtfunk, Flugsicherungsradare und DME (Distance Measuring Equipment – dient der Feststellung der Entfernung zu einer Funkstelle) nicht gestört werden. Der Vorteil der Nutzung von PPS liegt darin, dass die Positionsbestimmung auf 3 m genau erfolgen kann. [25]

Im erdgebundenen Einsatz sind beide Dienste empfindlicher gegen Signalabschottung. Die Abschottung kann durch Berge, Gebäude und Bäume herbeigeführt werden. Daher sind sie im Landverkehr nicht einsetzbar, da dort eine unterbrechungsfreie Verfügbarkeit verlangt wird. Ein weiterer Schwachpunkt der Dienste ist, die fehlende „Real-Time"-Fähigkeit. Es können dadurch keine exakten Werte für Positionen in deutlich kleineren Abständen als 20 ms geliefert werden. Diese Anforderung ist wichtig für den Einsatz von unbemannten Marschflugkörpern.[26]

---

[24] Vgl. Thaler (1999), S. 24 f.

[25] Vgl. Thaler (1999), S. 25.

[26] Vgl. Thaler (1999), S. 25 f.

2.4   Evaluation der Technologie und der Produktlandschaft

Anhand einiger ausgewählter Beispiele soll nachstehend dargestellt werden wo und wie GPS als Satellitennavigationssystem genutzt werden kann. Bis auf militärische Zwecke wird immer das kostenlose öffentliche Signal verwendet.

2.4.1 Autonavigationssysteme

Die häufigste und weitverbreitetste Nutzung von Navigationssystemen sind Autonavigationssysteme. Die Kombination von GPS und auf Speichermedien hinterlegten Straßenkarten führen den AutofahrerInnen durch Anzeige bzw. stimmenunterstützt zu dem Ort, der vor Fahrtantritt festgelegt wurde. Die Genauigkeit leidet daran, dass es Straßenabschnitte gibt auf denen es zu Signalabschattungen kommt. Aufgrund dieser Tatsache wird bei der Autonavigation auf ein anderes Messprinzip zurückgegriffen, welches in der Lage ist während der Fahrt Messwerte zu liefern und diese einer Position auf einer gespeicherten Straßenkarte zuzuordnen. Diese Koppelnavigation wird als „Map Matching" bezeichnet.[27]

Es wird mittels Sensoren die gefahrene Strecke und der Bewegungsvektor des Fahrzeugs nach Größe und Richtung bestimmt. Der Tachometer liefert die zurückgelegte Strecke und die Geschwindigkeit. Magnetfeldsensoren übernehmen die Funktion eines Kompasses und zeigen die Richtung des Vektors an. Anhand dieser Extrapolationen kann das Navigationsgerät fortlaufende Berechnungen und ein ziemlich genaues Mapping durchführen. Die Mustererkennung des Richtungsverlaufs, Kurven und Geraden sowie die Kompasslenkung bei signifikanten Richtungsänderungen ermöglichen das oberhalb erwähnte „Map Matching".

Anhand dieser Funktionsweise stellt man fest, dass Autonavigationssysteme auch ohne GPS auskommen würden, wenn auf den Speichermedien die Straßen und Wegenetze lückenlos und korrekt abgebildet sind sowie die Rechenleistung des Navigationssystems ausreichend ist um alle vorhandenen Streckenmuster miteinander zu vergleichen. Der Hauptnutzen von GPS für Autonavigationssysteme ist eben die Initialisierung, sprich die Standortbestimmung am Anfang der Reise.[28]

---

[27] Vgl. Dodel, H. / Häupler, D. (2010), S. 413.

[28] Vgl. Dodel, H. / Häupler, D. (2010), S. 414.

2.4.2 Mauterhebung

In der Mitte der 1990er Jahre wurden in Deutschland zwischen Bonn und Köln Testreihen verschiedener Varianten der Mauterhebung für Autobahnen durchgeführt. Als günstiges System erwies sich jene Variante, welche die zurückgelegte Strecke mit Hilfe von GPS erfassen und über Mobilfunk einer Zentrale für die Abrechnung mit dem Fahrzeughalter zuleiten konnte.[29]

Das Problem zu dieser Zeit war die Ungenauigkeit des öffentlichen GPS-Signals, da die Messgenauigkeit Schwankungen von 200 m zuließ. Es konnte auch keine Unterscheidung zwischen Autobahnen und parallel dazu verlaufenden Bundesstraßen getroffen werden. Im Jahr 2000 erklärte die US Regierung GPS zum „Primary Means of Common Use Radionavigation" und beendete die kontinuierliche Veränderung der Zeitfrequenzen. Ab diesem Zeitpunkt war es möglich mittels GPS und der Map-Matching-Technologie die Aufzeichnungen zu präzisieren und genaue Daten zu speichern. Der Versand an die Zentrale erfolgte weiter über das Mobilfunknetz. Die aufgezeichneten Daten würden der staatlichen Verkehrsleitzentrale einen Überblick über die Stärke und die Geschwindigkeit der LKW-Verkehrsströme verschaffen.[30]

2.4.3 Precision Farming

Mit der Verfügbarkeit von DGPS-Korrekturstationen (Differential Global Positioning System – am Boden fix montierte Korrekturstationen um die Genauigkeit der Signale zu erhöhen) wurde es möglich in einem Umkreis von 15 km einer DGPS-Korrekturstation eine Ortungsgenauigkeit von einem Meter und weniger zu gewährleisten. Diese Präzision ist für die teilflächenspezifische Bearbeitung von Äckern erforderlich. Dies bedeutet, dass innerhalb eines Ackers die Wachstums- und Bodenunterschieden berücksichtigt werden. Zu den Bearbeitungsvorgängen gehören:[31]

- Die Gewinnung von Bodenproben
- Die mechanische Bodenbearbeitung mit Pflügen und Eggen
- Das Ausbringen fester und flüssiger Materialien wie Saatgut, Düngemittel, Herbizide, Pestizide und Fungizide sowie
- Das Einbringen der Ernte

---

[29] Vgl. Dodel, H. / Häupler, D. (2010), S. 415.

[30] Vgl. Dodel, H. / Häupler, D. (2010), S. 416.

[31] Vgl. Dodel, H. / Häupler, D. (2010), S. 417.

Im ersten Schritt begann man mit einfachen Positionsbestimmungen für die Entnahme von Bodenproben, die Bewässerung und die Art und den Umfang der Düngung. Weiters folgte eine Ertragsmessung vor allem bei Mähdreschern. Aus der geernteten Körnerzahl, die Anzahl der Körner wird durch das Gewicht der Ernte ermittelt, ließ sich ableiten an welchen Stellen mehr gedüngt bzw. mehr bewässert werden musste. Im zweiten Schritt wurden die Ackerbearbeitungsvorgänge automatisiert. Mit Hilfe von GPS, einer DGPS-Korrekturstation und einer Trägheitsplattform, um Verschiebungen der Positionswerte aufgrund der Gegebenheiten (zB hügelig, steil, flach, etc.) im Gelände zu vermeiden, können Arbeitsgeräte mit elektrischer oder hydraulischer Lenkung und automatischem Getriebe automatisiert gesteuert werden.[32]

2.4.4 Tracking and Tracing

Unter Tracking versteht man das „Festhalten vor Ort" von Identifizierungs- und Positionsdaten eines mobilen Objekts. Der Vorgang des Tracings besteht darin, dass ein/e MitarbeiterIn oder ein/e betroffene/r Kunde/Kundin anhand der Identifikationsnummer des gewünschten Objekts dieses online verfolgen kann. Hier geht es primär darum jederzeit um den Verbleib oder des Standorts eines mobilen Objektes Bescheid zu wissen. Track and Tracing wird in verschiedenen Bereichen, wie zB Containerverfolgung, Verfolgung von Zügen, Verfolgung von Flugzeugen, Paketversand uvm., eingesetzt.[33]

2.4.5 Raumfahrt

GPS wird in der Raumfahrt verwendet um Satelliten, die sich in der Erdumlaufbahn befinden ständig zu überwachen und deren Flugbahnen zu korrigieren. Die Flugbahnen der Satelliten werden durch die Anziehungskräfte anderer Planeten und insbesondere durch den Mond beeinflusst und daher wird gegen diese Abweichungen der Sollbahn gegengesteuert. Ziel der aktuellen Entwicklung ist es die Nachrichten-, Fernseh- und Datenrelaissatelliten so auszurüsten und zu programmieren, dass notwendige Flugbahnkorrekturen mit Hilfe der Navigationsmitteilungen automatisiert und selbstständig durchgeführt werden können.[34]

---

[32] Vgl. NC Office (2012), online.

[33] Vgl. Dodel, H. / Häupler, D. (2010), S. 418 f.

[34] Vgl. NC Office (2012), online.

2.4.6 Indoor Navigation

Indoor Navigation bringt eine Problematiken mit sich. Der/Die UserIn erwartet sich natürlich, dass das GPS-Service auch in Innenräumen funktioniert. Dies ist nur bedingt möglich, da die elektromagnetischen Wellen nur über die Vertikale (rechtwinkelig zur Erdoberfläche) funktionieren. Betonwände, Betondecken, Fußböden und Dächer verhindern das Eindringen der Wellen. Aufgrund dieser Hindernisse kommt es oftmals zu Umleitungen der Wellen und Verzögerungen. In weiterer Folge kann die Ortsbestimmung nicht exakt erfolgen. Dieses Problem ist bekannt und ist von dem/der UserIn zu akzeptieren. [35]

In der Praxis manifestiert sich dieses Problem dadurch, dass im Zuge der aktuellen Positionsbestimmung das Navigationsgerät sehr ungenaue Angaben macht. Die Ortung wird durch Stahlbeton drastisch verzögert und umgeleitet. Diese Abweichungen können mit Hilfe von DGPS-Korrekturstationen korrigiert werden, jedoch würde man mindestens alle 15 km eine Korrekturstation benötigen.

2.4.7 Militärische Nutzung

GPS Sender werden auch zur Ortung von SoldatInnen im Gefechtsfeld genutzt. Aufgrund der geringen Größe und des geringen Gewichts kann jede/r SoldatIn mit einem GPS-Empfänger ausgestattet werden. Bei den militärischen Empfängern werden Koordinatensysteme eingestellt welche über das Standardkoordinatensystem hinausgehen. Durch die geheime Auswahl von eigenen Koordinatensystemen welche sich regelmäßig ändern, werden die tatsächlichen Positionen bestimmt und so vor dem Feind geheim gehalten.[36]

GPS bietet aktuell weitere militärische Möglichkeiten. Schiffen kann ein Durchfahrtskanal in den eigenen Minenfeldern im Meer geboten werden[37], die Zielsicherheit und Trefferquote von präzisionsgelenkter Munition (zB Drohnen) kann erheblich gesteigert werden.[38]

---

[35] Vgl. Dodel, H. / Häupler, D. (2010), S. 425.

[36] Vgl. Schildt (2008), S. 181.

[37] Vgl. Schildt (2008), S. 181.

[38] Vgl. Schildt (2008), S. 182 f.

2.5 Weiterentwicklung und Ausblick

Als geplante Verbesserung gilt die Erhöhung der Zahl der Frequenzbänder auf denen der C/A-Code (Coarse/Acquisition – wird für die Modulation des öffentlichen Signals verwendet) übertragen wird. Die unverschlüsselten Ortungssignale können dann auch auf der L2c-Frequenz und der L5-Frequenz (1,176450 GHz) empfangen werden. Das bedeutet aber auch, dass es einen offenen und für jeden nutzbaren Zweifrequenzdienst geben wird. Es stehen dann die Kombination aus L1/L2c und L1/L5 zur Auswahl. Ob es künftig eine sinnvolle Nutzung eines Dreifrequenzdienstes L1/L2c/L5 geben wird ist noch nicht abschließend geklärt. Diese Erweiterung wird im Hinblick auf die Genauigkeit den derzeitigen Qualitätsunterschied zwischen C/A-Code und PPS/P(y)-Code auf ein Minimum verringern.[39] Dem militärischen PPS/P(y)-Code (Precision/encrypted – dient der Verschlüsselung des militärischen Signals) wird ebenfalls eine Änderung widerfahren. Innerhalb der L1- und L2c-Frequenzbänder wird neben dem P-Code zusätzlich noch ein M-Code (Militäry –Code – ein zusätzliche Frequenz des L2 Signals) etabliert. Der neue M-Code soll im Frequenzspektrum der L1- & L2c-Frequenzbänder zu beiden Seiten des P-Codes angesiedelt werden und diesen in neuen Empfängern ablösen.[40]

---

[39] Vgl. Hoffmann-Wellenhof (2008), S. 339.
[40] Vgl. Hoffmann-Wellenhof (2008), S. 339 f.

3 GALILEO

3.1 Entwicklung / Beschreibung

GALILEO ist ein Projekt das im Jahr 2002 vom Rat der Verkehrsminister der Europäischen Union beschlossen wurde.[41] Die Umsetzung wird von 27 Staaten politisch, technisch sowie wirtschaftlich getragen. Darunter befinden sich 16 Mitgliedsstaaten der Europäischen Union sowie China, Indien, Israel, Marokko, Saudi-Arabien, Südkorea, Ukraine, Norwegen und die Schweiz. [42]

Seit Jahrzehnten besteht die Forderung aus den Bereichen Verkehrswesen, Wirtschaft und Wissenschaft ein ziviles Satellitenortungs- und Navigationssystem bereitzustellen. Die bereits bestehenden Systeme GPS (militärische Kontrolle durch die USA) und GLONASS (militärische Kontrolle durch Russland) können teilweise nur eingeschränkt genutzt werden. Außerdem obliegt die Kontrolle dieser Systeme jeweils nur einem Land und erzeugt ein Abhängigkeitsverhältnis. Die Idee ein eigenes Satellitensystem aufzubauen entstand schon in den 80er Jahren in einigen europäischen Ländern und zu dieser Zeit wurde bereits das Fundament für ein „Global Navigation Satellite System"(GNSS), gelegt. [43]

Mit GALILEO wird weltweit das erste Satellitenortungs- und Navigationssystem zur Verfügung stehen, das für zivile Zwecke bestimmt ist und das die Abhängigkeit der Europäischen Union von den beiden militärischen Systemen GPS und GLONASS letztendlich aufhebt. Das neue System GALILEO soll einen wissenschaftlichen und technischen Mehrwert für die Wissenschaft und Industrie der europäischen Staaten haben.[44]

Ein interessantes Detail ist die Beteiligung und das Interesse Chinas an GALILEO. Die chinesische Regierung hat zeitgleich mit der Entstehung von GALILEO den Aufbau eines eigenen Satellitennavigationssystems für China beauftragt. Auch China will die militärische Abhängigkeit der Signale von den Großmächten USA und Russland beenden. Aus diesem Grund wurde im Jahr 2000 der Aufbau des regionalen Satellitennavigationssystems BeiDou beauftragt. In der Zeit von April 2007 bis November 2012 erfolgten 16 Satellitenstarts. Im Jahr 2012 wurde offiziell der lokale Betrieb gestartet. In weiterer Folge soll das System global zur Verfü-

---

[41] Vgl. EU (2002), online.
[42] Vgl. Mansfeld (2010), S. 241 f.
[43] Vgl. Mansfeld (2010), S. 241.
[44] Vgl. Mansfeld (2010), S. 242.

gung stehen und den Namen Compass tragen. Der Endausbau mit 35 Satelliten ist für das Jahr 2020 geplant. [45] Auch Indien[46] und Japan[47] betreiben ihre eigenen lokalen Satellitennavigationssysteme, welche detailliertere lokale Informationen liefern können als derzeit bestehende Systeme und die Abhängigkeit zu bestehenden Systemen senken.

3.1.1 Wissenschaftlicher und technischer Mehrwert von GALILEO

Der Mehrwert von GALILEO besteht aus folgenden Aspekten:[48]

- Unabhängigkeit: Komplettes und eigenständiges System im Rahmen eines Internationalen Systems
- Verfügbarkeit: Global verfügbar und unabhängig von militärischen Vorgaben
- Genauigkeit: Günstigere Geometrie der Satellitenkonstellation – kein militärischer Einfluss
- Kompatibilität: GPS kompatibel – beide Systeme können genutzt werden – höhere Verfügbarkeit
- Interoperabilität: Gemeinsame Nutzung von GALILEO und GPS – Verbesserung der Leistungsparameter
- Performance:
  - o Das Service ist bezgl. der Nutzer optimiert.
  - o Die Vorteile, die durch Mehrfrequenzempfang entstehen, sollen genutzt werden.
  - o Der Ortungscode entspricht dem neuerster Stand der Informationstheorie.
- Systemverantwortlichkeit: Überwachung durch umfangreiches Netzwerk gegeben

---

[45] Vgl. BeiDou (2012), online.
[46] Vgl. SAC (2012), online.
[47] Vgl. JAXA (2006), online.
[48] Vgl. Mannsfeld (2010), S. 242 f.

3.2 Grundlagen der Technologie

Als Grundlage der Technologie von GALILEO werden die Beobachtungen und Entwicklungen der Satellitensysteme GPS und GLONASS herangezogen. Das neue System hat jedoch einen größeren Umfang und kann dadurch genauere und vor allem mehr Daten liefern als die bereits bestehenden Systeme. Aufgrund der technischen Weiterentwicklungen über drei Jahrzehnte hat GALILEO den Vorteil gegenüber den bestehenden Systemen, dass man für die Entwicklung und die Produktion auf kleinere, leistungsfähigere und zuverlässigere Bauteile zugreifen kann. Aus diesem Grund entstehen Satelliten mit weniger Gewicht und Volumen, jedoch mit höherer Leistungsfähigkeit und dies kennzeichnet sich durch die Parameter: Accuracy (Genauigkeit), Integrity (Vollständigkeit), Availability (Verfügbarkeit), Reliability (Zuverlässigkeit) und Continuity of Function (Stetigkeit der Funktionalitäten).[49]

Das führende System GPS verwendet im Prinzip den PPS – Zweifrequenzdienst mit den Basisfrequenzen L1 und L2, wobei im Wesentlichen auf beiden Frequenzen die gleichen Informationen übertragen werden. GALILIEO hingegen arbeitet mit insgesamt 10 Informationskanälen in drei Frequenzbereichen. Durch diese Bandbreite werden Messfehler reduziert und das System ist in hohem Maße gegen Störungen der Basisfrequenz L1 und L2 gesichert.[50]

3.2.1 Allgemeine Technische Anforderungen

Folgende Anforderungen werden an das Satelliten- und Navigationssystem GALILEO vom Rat der Verkehrsminister der Europäischen Union gestellt:[51]

- Aufgabe: Lieferung von Entfernungs- bzw. Positionsinformationen und Uhrzeit mit hoher Genauigkeit
- Überdeckungsbereich: Global
- Entfernungsgenauigkeit bei einer Wahrscheinlichkeit von 95 %: ± 0,8 m
- Positionsgenauigkeit
  - Messung mit einer Frequenz bei einer Wahrscheinlichkeit von 95 %: horizontal ± 15 m, vertikal ± 35 m

---

[49] Vgl. Mansfeld (2010), S. 244.
[50] Vgl. Mansfeld (2010), S. 244.
[51] Vgl. Mansfeld (2010), S. 243 f.

    o   Messung mit zwei Frequenzen bei einer Wahrscheinlichkeit von 95 %: horizontal ± 4 m, vertikal ±7,7 m

- Uhrzeitgenauigkeit bei einer Wahrscheinlichkeit von 95 %: ± 30 ns
- Systemverfügbarkeit: 99,7 %
- Nichtverfügbarkeit: 0,3 % der Zeit in 20 Tagen

3.3 Architektur & Funktionsweise

Wie das „Global Positioning System" setzt sich auch das GALILEO System aus den drei Segmenten

- Raumsegment
- Bodensegment
- Nutzersegment

zusammen.[52] Die einzelnen Segmente werden in den nachfolgenden Kapiteln beschrieben. Die technische Abgrenzung ist Abbildung 4 zu entnehmen.

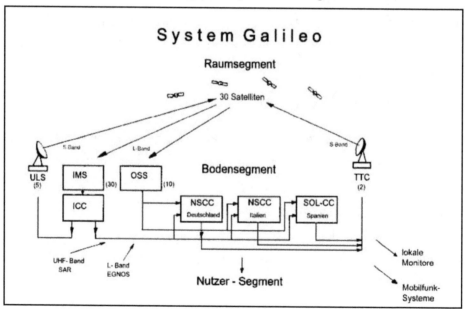

Darstellung 4: Systemarchitektur von GALILEO[53]

---

[52] Vgl. Mansfeld (2010), S. 245.
[53] Vgl. Mansfeld (2010), S. 246.

3.3.1 Raumsegment

Die GALILEO Satellitenkonstellation besteht im Endausbau aus 27 aktiven Satelliten und 3 Reservesatelliten um eine hohe Überdeckung der gesamten Erdoberfläche zu jeder Zeit gewährleisten zu können. Die 30 GALILEO Satelliten befinden sich in einer mittleren Höhe von 23.000 km und umlaufen die Erde in einer ebenfalls fast kreisförmigen Bahn. Jeder Satellit sendet seine Informationen bestehend aus Ortungssignalen und Daten an die Satelliten der zwei Bodenkontrollzentren NSCC. Die Reservesatelliten werden bei Bedarf in Position gebracht. Außerdem besitzt jeder Satellit einen Transponder für den Such und Rettungsdienst an Bord.[54]

3.3.2 Bodensegment

3.3.2.1   Aufgaben

Die Hauptaufgaben des Bodensegments von Galileo sind:[55]

- Kontrolle der Funktion des gesamten Systems und Gewährleistung der exakten, fehlerfreien Arbeitsweise der Satelliten sowie ihren Umlaufbahnen im Orbit.
- Kontinuierliche Prüfung der Integrität des Systems. Integrität ist die Unverletzlichkeit, Richtigkeit und Verlässlichkeit der von den Satelliten gelieferten Informationen.

Aufgrund dieser Aufgaben wird das Bodensegment auch als Kontrollsegment bezeichnet.

Das Kontrollsegment gliedert sich in drei Bereiche:[56]

- Globale Komponente
- Regionale Komponente
- Lokale Komponente

Die einzelnen Komponenten werden in den nachstehenden Kapiteln beschrieben.

---

[54] Vgl. Mansfeld (2010), S. 246.

[55] Vgl. Mansfeld (2010), S. 249.

[56] Vgl. Mansfeld (2010), S. 250 f.

3.3.2.2 Globale Komponente

Die globale Komponente von GALILEO umfasst:[57]

- Eine Hauptkontrollzentrale (Navigation System Controll Center, NSCC) in Deutschland und eine in Italien
- Eine spezielle Kontrollzentrale für alle sicherheitsrelevanten Funktionen in Spanien
- Satellitenbahn-Kontroll-Monitorstationen – geplant sind 10 Kontrollstationen
- Integritäts-Monitorstationen – planmäßig 30 Stationen
- Dazugehörige Integrationskontrollzentren mit Funk- und Kabelverbindungen zur Übertragung der Integrationsinformationen an die Hauptkontrollzentralen
- Sendestationen für Übertragung von Integritätsinformationen in Richtung Satelliten im S-Band (2-4 GHz), so genannte Aufwärts-Funkverbindungen – geplant sind fünf Stationen
- Sendestationen für die Übertragung von Fernwirkinformationen in Richtung Satelliten im S-Band – planmäßig zwei Stationen

3.3.2.3 Regionale Komponente

Die regionale Komponente besteht aus mehreren Monitorstationen, vor allem aus Stationen die sich außerhalb Europas befinden, sowie den dazu erforderlichen Nachrichtenverbindungen. Eine wesentliche regionale Komponente des GALILEO Systems ist das europäische System EGNOS. Es werden vor allem zusätzliche Integritätsinformationen und Korrekturdaten der Dienste von EGNOS geliefert. Mit Hilfe dieser Lieferung kann die Effektivität der Informationen der Integritätsmonitore gesteigert werden. Außerdem können durch die Verbindung zu GPS und GLONASS und sonstigen Ortungs- und Navigationsdiensten zusätzliche Informationen zur Integrität gewonnen werden.[58]

3.3.2.4 Lokale Komponente

Für bestimmte Nutzergruppen, die einen Bedarf an zusätzlichen örtlichen Informationen über den gesicherten Empfang der Satellitensignale sowie spezielle Integri-

---

[57] Vgl. Mansfeld (2010), S. 250.
[58] Vgl. Mansfeld (2010), S. 250 f.

tätsinformationen haben, werden lokale Monitore sowohl für die Navigationssignale als auch für die Integritätsinformationen eingesetzt. In Gebieten, in denen die Signalstärke unzureichend ist, werden spezielle örtliche Einrichtungen für die Kontrollaufgaben eingesetzt. Meist ist die Signalstärke aufgrund von Abschottungen durch hohe Bauwerke in Städten, in Gebirgstälern und in Straßentunneln geschwächt. In diesen Fällen ist die Einbeziehung des Mobilfunknetzes vorgesehen.[59]

3.3.3 Nutzersegment

Das Nutzersegment von GALILEO ist aufgrund der 10 Signale für zivile NutzerInnen wesentlich breiter als das von GPS und GLONASS (siehe Abbildung 6). Die verwendeten Empfänger sind entweder für einen bestimmten Dienst konzipiert oder es sind Universalempfänger. Die Empfängertechnik gliedert sich wie folgt:[60]

- Einfrequenz-Empfänger: Damit ist keine Korrektur der ionosphärischen Messfehler möglich.
- Zweifrequenzen-Empfänger: Korrektur der ionosphärischen Messfehler erfolgt autonom.
- Dreifrequenzen-Empfänger (Triple Carrier Phase Amgiguity-Receiver):
  - Korrektur erfolgt autonom und mit Redundanz.
  - Mehrdeutigkeitsauflösung (Ergebnisse einer Messung können unterschiedlich interpretiert werden) erfolgt relativ schnell.
  - Hohe Unterdrückung des Einflusses der Mehrwegeausbreitung (das Signal wird durch Hindernisse wie zB Gebäude abgelenkt und das Signal kommt auf verschiedenen Wegen beim Empfänger an).
- CS-Empfänger: Empfänger für kommerzielle Dienste mit Verarbeitung verschlüsselter Ortungssignale und Navigationsdaten
- PRS-Empfänger: Verarbeitet verschlüsselte Signale und Daten für Behördendienste
- Empfänger mit zusätzlichen Signalempfangsverfahren:
  - Empfang von Differenzial-Korrekturdaten

---

[59] Vgl. Mansfeld (2010), S. 251.

[60] Vgl. Mansfeld (2010), S. 251 f.

o Empfang der Signale von Pseudoliten (Pseudoliten sind Bodenstationen die das Signal von Satelliten verstärken)

o Verarbeitung gegebenenfalls vorhandener regionaler bzw. lokaler Korrekturdaten

3.4 Dienste und Features

Das GALILEO System bietet vier Dienste, die ausschließlich auf den GALILEO-Signalen und der zusätzlichen Unterstützung des Such- und Rettungsdienstes basieren. Wie bereits erwähnt handelt es sich bei GALILEO um ein ziviles System und daher stehen den NutzerInnen alle Signale zur Verfügung. Zum Teil sind die Signale offen, unverschlüsselt und gebührenfrei. Nachstehend werden die von GALIELO angebotenen Dienste beschrieben.[61]

- Open Service (offener Dienst, OS)
    - o Kostenfreier Zugriff aus OS-Ortungssignale und Navigationsdaten
    - o Messung von Entfernungen
    - o Zwei- und dreidimensionale Positionsbestimmung
    - o Lieferung von Uhrzeitdaten
- Commercial Service (kommerzieller Dienst, CS)
    - o Kostenpflichtiger Mehrwertdienst
    - o Höhere Ortungsgenauigkeit durch Zugriff auf zusätzliche Ortungssignale und Navigationsdaten
    - o Lieferung kommerzieller Daten
    - o Informationen und Daten lokaler Dienste
- Safety-of Life-Service (sicherheitskritischer Dienst, SoL)
    - o Zugriff wie bei OS mit grundsätzlicher Verarbeitung der Signale von zwei oder mehr Frequenzen
    - o Integrationsinformationen
        - Alarm innerhalb 6 s, wenn Entfernungsabweichung horizontal größer als 12 m und vertikal größer als 20 m ist
        - Alarmsicherheit 99,5 %
        - Integritätsrisiko kleiner $3,5 * 10-7$
- Public Regulated Service (öffentlicher regulierter Dienst, PRS)

---

[61] Vgl. Mansfeld (2010), S. 252 f.

- o Gesicherte Kontinuität und Zuverlässigkeit
- o Spezielle Ortungssignale und Navigationsdaten
- o Kontrollierter Zugang des Signals und Autorisierung durch Verschlüsselung
- o Zusätzliche Integritätsinformationen
- o Öffentliche Anwendungen zum Beispiel durch Polizei, Zivilschutzinstitutionen, Energieversorgung
- Zusätzliche Unterstützung von Such- und Rettungsdiensten
  - o Kompatibel mit dem internationalen Such und Rettungsdienst COSPAS-SARSAT
  - o Genauere und schnellere Positionsangabe des Notrufortes als bisher
  - o Höhere Verfügbarkeit
  - o Echtzeitempfang der Notrufsignale (Notrufsignale die von GPS Empfängern abgesetzt werden können zB Peronennavigationsgerät) durch mehrere Satelliten
  - o Rückmeldung an die den Notruf absendende Stelle durch die Satelliten

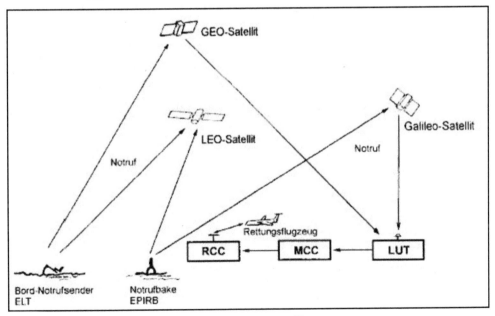

Darstellung 5: Funktionsschema von SAR-COSPAS-SARSAT[62]

---

[62] Mansfeld (2010), S. 264.

Das System Galileo soll in Zukunft 10 Signalkanäle anbieten. Im folgenden eine Auflistung der Kennwerte der 10 Signale von GALILEO:

Sig-nal Nr.	Signalkanal	Band-mitten-frequenz (MHz)	Signalart	Zugriff	Dienst	Modulation
1	E5a (I)	1176,450	Datensignal[x]	freier Zugriff	OS/SoL	BPSK (10)[x] AltBOC(15,10)
2	E5a (Q)	1176,450	Pilotsignal[x]	desgl	OS/SoL	
3	E5b (I)	1207,140	Datensignal[x]	desgl.	OS/SoL/CS	
4	E5b (Q)	1207,140	Pilotsignal[x]	desgl	OS/SoL/CS	
5	E6 (A)	1278,750	Datensignal	Behörden	PRS	BOC(10,5)
6	E6 (B)	1278,750	kommerzielles Datensignal	kommerzielle Nutzer	CS	BPSK (5)
7	E6 (C)	1278,750	Pilotsignal	kommerzielle Nutzer	CS	BPSK (5)
8	E1(A)	1575,420	(zu definieren)	Behörden	PRS	BOC(14,2)
9	E1(B)	1575,420	Datensignal	freier Zugriff	OS/SoL/CS	BOC(2,2)
10	E1(C)	1575,420	Pilotsignal	freier Zugriff	OS/SoL/CS	BOC(2,2)

Darstellung 6: Kennwerte der 10 Signale von GALILEO[63]

3.5 Evaluation der Technologie und der Produktlandschaft

Nachdem sich das System GALILEO noch in der Aufbauphase befindet, kann in der vorliegenden Bachelorarbeit nur ein Ausblick gegeben werden für welche Bereiche GALILEO vorgesehen sein wird. Zusätzlich zu den bereits in Kapitel 2.4 beschriebenen Funktionen werden im Anschluss die Bereiche

- Verkehr
- Personennavigation
- Such- und Rettungsdienste
- Landwirtschaft und Fischerei
- Umweltschutz und -management
- Kommunikation
- Finanzsektor

dargestellt.[64]

---

[63] Vgl. Mansfeld (2010), S. 255.
[64] Vgl. ESA (2010), online.

3.5.1 Personennavigation

GALILEO bringt in der Personennavigation eine wesentliche Erneuerung. Die Bestimmung der Position und der Kommunikationsdienst werden in Zukunft kombiniert zur Verfügung gestellt. Dies bedeutet, dass für beide Dienste nur noch ein Endgerät erforderlich ist. Aufgrund der bestimmten Position ist es möglich, dem/der EndverbraucherIn verschiedenste Informationen anzubieten. Je nach Bedürfnis können Informationen über Sehenswürdigkeiten, Unterkünfte sowie Fahrpläne usw. zur Verfügung gestellt werden. Diese Informationen zur Position sind im Speicher der Empfänger hinterlegt.

Eine weitere Möglichkeit ist die Koordination von Personen. AußendienstmitarbeiterInnen können anhand ihrer aufgezeichneten Positionen und Bewegungen effektiver eingesetzt werden.[65]

3.5.2 Umweltschutz und -management

Im Bereich Umweltschutz und -management kann GALILEO ebenfalls einen Mehrwert liefern. In diesem Anwendergebiet gibt es folgende Möglichkeiten:[66]

- Überwachung von Gefahrengut- und Abfalltransporten
- Unterstützung von Forschungsprojekten in der Ozeanografie
- Untersuchung des Meerwasserspiegels und der Gezeiten
- Überwachung vulkanisch aktiver Gebiete
- Analyse von Wasserdämpfen in der Erdatmosphäre für Wettervorhersagen und Klimastudien
- Messungen der Ionosphäre für den Funkverkehr

Diese zahlreichen Möglichkeiten unterstützen in weiterer Folge Systeme zur Frühwarnung von Erdbeben und Tsunamis. Ein weiterer Nutzen entsteht in der Erhaltung und Verbesserung der Lebensräume von Tieren. Mit Hilfe von GALILEO besteht die Möglichkeit das Wanderverhalten von Tieren aufzuzeichnen und zu verfolgen.[67]

---

[65] Vgl. ESA (2010), online.

[66] Vgl. ESA (2010), online.

[67] Vgl. ESA (2010), online.

3.5.3 Finanzsektor

Das Satellitennavigationssystem GALILEO kann mit seinen Referenzzeiten das Risiko von Betrug im Finanzbereich minimieren. Mit der Rückverfolgung durch die Referenzzeiten (lokale Uhrzeiten) können Kontenzugriffe eingeschränkt werden. Aufgrund des erhöhten Sicherheitsbedarfs im Bank- und Finanzwesen ist es möglich das Zeitsignal von GALILEO für die Verschlüsselung dieser Systeme einzusetzen.[68]

Für die Versicherungsbranche entsteht der Mehrwert in der Transportsteuerung und –überwachung. Anhand der Sattelitennavigation wird beispielsweise der Gefahrenguttransport detailliert überwacht und bestehende Risiken im Transport können dadurch minimiert werden.[69]

3.6 Weiterentwicklung und Ausblick

3.6.1 Zeitplan

Der Rat der VerkehrsministerInnen der EU hat am 07.12.2001 folgenden Zeitplan beschlossen:[70]

- Definitionsphase: 1999 – 2005
- IOV-Phase (In-Orbit-Verfahren): 2009 – 2013
- Operationsphase: ab 2013
- Volle Operationsfähigkeit: 2014

Der Zeitplan wurde bis heute nicht neu veröffentlicht bzw. neu beschlossen.

3.6.2 Ausblick DLR - Raumfahrtmanagement

Eine Publikation des DLR – Raumfahrtmanagement berichtet von einem erfolgreichen Teststart im Jahr 2011 und einer bevorstehenden Operationsphase 2014.[71]
In der Testregion GATE (German GALILEO Test and Development Environment) in Berchtesgaden in Deutschland übermitteln derzeit acht Sendestationen - die sogenannten Pseudolites - von den Berggipfeln des Grünstein, Hirschkaser, Rauhenkopf, Hochthron, Kneifelspitze, Kehlstein, Brettgabel und Jenner Signale, die

---

[68] Vgl. ESA (2010), online.
[69] Vgl. ESA (2010), online.
[70] Vgl. Mansfeld (2010), S. 266.
[71] Vgl. DLR (2011), online.

konform zu denen der ab 2014 im Erdorbit stationierten Galileo-Satelliten sind. Technisches Hauptmerkmal von GATE ist der Virtual Satellite-Betriebsmodus (VSM).[72]

3.6.3 Ausblick Bundesministerium für Verkehr, Bau und Stadtentwicklung

Ende Oktober 2011 wurden die ersten beiden Galileo-Satelliten an Bord einer russischen Sojus-Rakete erfolgreich gestartet. Die Starts der nächsten zwei Galileo-Satelliten fanden Ende September 2012 statt. Die Verfügbarkeit der ersten Dienste von Galileo ist ab 2014/15 vorgesehen.[73]

Um Namen für die Galileo-Satelliten zu finden, hat die EU im Herbst 2011 Kinder im Alter von 9 bis 11 Jahren aus allen Mitgliedstaaten zu einem Malwettbewerb mit dem Thema "Weltall und Raumfahrt" aufgerufen. Aus über 15.000 Einsendungen wurden 27 nationale Gewinner ausgewählt, deren Vornamen nun jeweils einen Satelliten schmücken werden. Die ersten getauften Satelliten "Natalia" (Bulgarien) und "Thijs" (Belgien) wurden bereits im Oktober 2011 ins All geschossen. Für Deutschland gibt die elfjährige Doresa von der Theodor-Storm-Grundschule in Berlin-Neukölln einem Galileo-Satelliten ihren Namen. Der Startzeitpunkt des Satelliten "Doresa" steht noch nicht fest.[74]

3.6.4 Zusammenfassung und Ausblick

Zusammengefasst kann festgehalten werden, dass die Operationsphase mit einer Verzögerung von rund 2- 3 Jahren beginnen wird. Am 12. Oktober 2012 wurden zwei weitere Satelliten erfolgreich gestartet. Ab diesem Zeitpunkt konnten die Tests beginnen, da die Mindestkonstellation von vier Satelliten gegeben ist. Bis Ende 2014 soll die Satellitenkonstellation auf 14 GALILEO Satelliten erweitert werden und danach ist die Bereitstellung der ersten Dienste gewährleistet.[75]

Diese Pressemitteilung der Europäischen Kommission ist der Beweis, dass der ursprünglich vom Rat der Verkehrsminister der EU beschlossene Zeitplan nicht

---

[72] Vgl. DLR (2011), online.

[73] Vgl. BMVBS (2012), online.

[74] Vgl. BMVBS (2012), online.

[75] Vgl. Europäische Kommission (2012), online.

gehalten werden kann und die Arbeiten an dem neuen und für Europa wichtigen GALILEO System weiter geführt werden.

4 Konkurrenz oder Koexistenz

4.1 Die Entwicklung

Das Vorhaben GALILEO hat seinen Ursprung am 13. Jänner 1999. An diesem Tag hat das Europäische Parlament den Vorschlag zum Aufbau eines eigenen transeuropäischen Ortungs- und Navigationsnetzes angenommen. In darauf folgenden Jahren folgten einige Tagungen des Europäischen Rats bis es zum endgültigen gemeinsamen Entschluss zur Umsetzung kam. Am 21. Mai 2002 wurde vom Rat der Europäischen Union die Verordnung (EG) Nr. 876/2002 zur Gründung des gemeinsamen Unternehmens Galileo erlassen. [76]

Dies ist nun der historische Zeitpunkt ab dem die Thematik „GPS und GALILEO - Konkurrenz oder Koexistenz" für den Bereich der Satellitennavigation eine Rolle spielt. Ab diesem Zeitpunkt wurde von Seiten der USA in der öffentlichen Diskussion deutliche Kritik kommuniziert

Die USA haben beispielsweise behauptet, dass die Dienste von GALILEO, nicht wie von der EU beschlossen und veröffentlicht, kostenlos sind. Hier wird auf die kostenpflichtigen Dienste verwiesen obwohl die Basisdienste wie bei GPS kostenlos allen Bürgern / Bürgerinnen der EU zur Verfügung stehen werden.[77]

Eine weitere interessante Beobachtung zeigte das Verhalten der USA. Immer wieder versuchte man die Europäische Union davon zu überzeugen, dass ein Vorhaben dieser Größenordnung nicht rentabel sei, zumal ja bereits GPS als weltweites Satellitennavigationssystem zur Verfügung stehe. Diese Warnungen, dass ein eigenes Satellitennavigationssystem zu kostspielig sei, werden jedoch als Angst der Vertreter der USA vor einem guten Konkurrenzprodukt angesehen. [78]

Ein weiteres Problem stellen für die USA die von der Europäischen Union gewählten Frequenzen dar. Die Vereinigten Staaten behaupten, dass einige der gewählten Frequenzen zu Interferenzen mit den bestehenden GPS Frequenzen führen würden. Die EU hat sich dieser Thematik angenommen und ist sich auch bewusst, dass das Risiko der Störung von GPS Frequenzen vermieden werden muss. Aus diesem Grund hat man Lösungsvorschläge ausgearbeitet und diese den Vereinig-

---

[76] Vgl. EU (2002), online.

[77] Vgl. Erle (2003) S. 143.

[78] Vgl. Erle (2003) S. 143.

ten Staaten vorgelegt um hier in jeder Hinsicht vollständige Sicherheit zu gewähr-leisten.[79]

Ein wichtiger Punkt ist ebenfalls die Regulierung des Signals für den öffentlichen regulierten Dienst von GALILEO. Die Vereinigten Staaten behalten sich vor das Signal im Falle von feindlichem Missbrauch zu stören. Das Signal stellt die Kontinuität staatlicher Anwendungen sicher. Auch in diesem Fall hat die Europäische Union eine Lösung erarbeitet und den Vereinigten Staaten vorgeschlagen. Die EU möchte mögliche Probleme als gleichwertiger Partner mit den USA gemeinsam untersuchen und lösen.[80]

Betrachtet man diese Aspekte so erkennt man, dass Gespräche bezüglich einer Koexistenz von GALILEO und GPS mit den USA Anspruchsvoll verlaufen. Jedoch gelang es am 26. Juni 2004 eine Einigung mit Vertretern/Vertreterinnen der USA im Zuge eines EU-USA-Gipfels in Newmarket-on-Fergus in Irland zu erzielen. Die Einigung der beiden Parteien soll eine reibungslose Zusammenarbeit und Kompatibilität zwischen den beiden Satellitennavigationssystemen GALILEO und GPS ermöglichen. Dies beinhaltet ebenfalls eine Regelung einiger strittigen Punkte wie die Zuweisung von Frequenzen und die Modulationsart. [81]

Diese Einigung soll nun die Koexistenz beider Systeme sicherstellen und soll ebenfalls eine Kombination beider Systeme ermöglichen. Aufgrund der Tatsache, dass GALILEO die gleiche Zentralfrequenz wie das GPS L1 Signal nutzt, jedoch mit unterschiedlicher Modulation, gibt es hier erste Gemeinsamkeiten. Die breitbandigen Signale E5a und E5b werden weiterhin mit einer Bandbreite von ca. 50 MHz bei einer Zentralfrequenz von 1.192 MHz ausgestrahlt. Aufgrund der derzeitigen technischen Möglichkeiten wird eine Dekodierung eines solchen Breitbandsignals ausgeschlossen. Daher kann man bei der Kombination der beiden Navigationssysteme auf Signalebene feststellen, dass ein GPS-L1/L2/L5 Empfänger mit geringem Aufwand so modifiziert werden kann, dass er ebenfalls die GALILEO L1 und E5a Signale verarbeiten kann. Bei den meisten Geräten ist lediglich ein Softwareupdate erforderlich und es muss von dem/der BenutzerIn kein neuer Empfänger angeschafft werden. [82]

---

[79] Vgl. Erle (2003) S. 143.
[80] Vgl. Erle (2003) S. 143 f.
[81] Vgl. Zogg (2006) S. 54.
[82] Vgl. Schildt (2008) S. 107 f.

Ein weiterer wichtiger Punkt der erzielten Einigung zwischen der EU und den Vereinigten Staaten ist die Erweiterung des NAVWAR Konzept, welches die öffentliche Nutzung von GPS und Galileo regelt. In Kapitel 4.2 wird das Konzept beschrieben.

Im Zuge eines weiteren Aufeinandertreffens von Vertretern/Vertreterinnen der USA und der Europäischen Union wurde ein weiteres Abkommen über die Förderung, Bereitstellung und Nutzung von GALILEO und GPS Satellitennavigationssystemen und verbundenen Anwendungen getroffen. Dieses Abkommen hält die Zusammenarbeit beider Parteien fest. Es wird daran gearbeitet, dass die Radiofrequenzen beider Systeme kompatibel sind. In weiterer Folge soll ein Erweiterungssystem entstehen welches zusätzliche Informationen zu Entfernungs- und Pseudoentfernungsangaben, Korrekturen oder Verbesserungen zur Verfügung stellt. Mit Hilfe dieses Erweiterungssystems erhalten die Nutzer eine höhere Leistungsfähigkeit die sich durch erhöhte Genauigkeit, Verfügbarkeit, Integrität und Zuverlässigkeit wiederspiegelt. Ebenfalls wird wieder der Punkt der gemeinsamen Bekämpfung von feindlicher Nutzung (Marschflugkörper Einsatz gegen die EU oder die USA) der beiden Satellitennavigationssysteme festgehalten. Beide Parteien wollen in diesem Punkt die bereits begonnen Aktivitäten weiterführen und die Zusammenarbeit intensivieren.[83]

4.2 NAVWAR

Das Konzept NAVWAR wurde als P3 Konzept (Protection, Prevention, Preservation) bekannt. Dieses System soll die feindliche Nutzung der öffentlichen GPS Signale verhindern. Das Konzept sieht vor nicht das gesamte Netz zu blockieren sondern nur innerhalb einer Krisenregion. Das bedeutet, dass die USA bereits ihr eigenes ziviles Signal stören können. Die Erweiterung des NAVWAR Konzepts sieht diese Störung ebenfalls für GALILEO vor, da auch hier das öffentliche Signal gegen die USA und die NATO[84] bei einer Mission (zB Krieg in Afghanistan) eingesetzt werden könnte. Nachdem in den letzten Jahren eine Einigung über die Signalstruktur gefunden werden konnte, kann das System auch für GALILEO angewandt werden. Im Detail bedeutet das, das der Binary Offset Carrier, dieser setzt sich zusammen aus der Frequenz des Unterträgers und der Frequenz der Chip-

---

[83] Vgl. Bundeskanzleramt (2012), online.

[84] Vgl. NCO (2012), online.

sequenz, für die L1-Signale von GPS und GALILEO nur noch eine Gesamtband-
breite von 4MHz besitzt.[85] Das bestehende NAVWAR System kann mit geringem
Aufwand auch für GALILEO angewandt werden.

---

[85] Vgl. Schildt (2008) S. 108 ff.

5   Conclusio

In der vorliegenden Bachelorarbeit wurde das Thema Satellitennavigationssysteme behandelt. Konkret wurde das amerikanische Satellitennavigationssystem „Global Positioning System" und das europäische Satellitennavigationssystem GALILEO genauer betrachtet. Die Betrachtung wurde in die Entwicklung der Systeme, in den Aufbau der Systeme, die Verwendung der Systeme und den Ausblick für die Zukunft untergliedert.

Betrachtet man den Aufbau der beiden Systeme genauer, so erkennt man, dass GALILEO ein verbessertes GPS System darstellt. Es gibt mehr Services die GALILEO im Vergleich zu GPS anbieten kann. Ein weiterer großer Vorteil von GALILEO ist, dass hier mehr Satelliten zum Einsatz kommen als bei GPS und daher die Positionsbestimmung detaillierter und genauer durchgeführt werden kann.

In Bezug auf die Verwendung kann zweifelsfrei festgehalten werden, dass die Anwendungsgebiete für beide Systeme gleich sind. Hier ist in Zukunft nur entscheidend, welche Signale die Industrie mit ihren Endgeräten nutzen möchte. Auch eine Kombination beider Signale ist möglich und es ist davon auszugehen, dass die Industrie diese Möglichkeit nutzen wird um dem/den KundInnen ein noch besseres Angebot zu bieten.

Der Ausblick für die Zukunft zeigt, dass die Vereinigten Staaten versuchen die Signalstruktur von GPS zu verbessern um näher an die Signale von GALILEO zu kommen und die Europäische Union ist bestrebt mit dem geplanten System in den nächsten Jahren endlich in den Produktionsbetrieb aufzunehmen.

Betrachtet man diese Faktoren könnte man darauf schließen, dass es sich hier um tatsächliche Konkurrenzprodukte handelt. Letztendlich handelt es sich um zwei unabhängige Systeme welche als Konkurrenten betrachtet werden können. Jedoch muss auch dargelegt werden, dass aufgrund der politischen Zusammenarbeit der USA und der Europäischen Union eine vernünftige Koexistenz bzw. Zusammenarbeit der Systeme gefunden werden konnte. Alleine die Sicherheitsfragen und das gemeinsame Interesse der Bekämpfung feindlicher Aktivitäten hat diese vernünftige Koexistenz ermöglicht. Diese Entwicklung ist aber über die nächsten Jahre genau zu beobachten, da GALILEO noch deutlich vom Produktionsbetrieb entfernt ist und sich der politische Entscheidungswille in der Vergangenheit bereits mehrmals geändert hat.

6 Literaturverzeichnis

Alonso, E. / Finn, E.J. (2000): Physik, 3. Auflage, München: Oldenbourg Wissenschaftsverlag GmbH

Bauer, M. (2011): Vermessung und Ortung mit Satelliten. Globale Navigationssatellitensysteme (GNSS) und andere satellitengestützte Navigationssysteme, 6. Auflage, Berlin: VDE Verlag GmbH.

BeiDou (2012): System Introduction, bezogen unter: http://en.beidou.gov.cn/introduction.html, letzte Änderung am 14.12.2012, Zugriff am 09.04.2013

BMVBS (2012): Galileo - das europäische Satellitennavigationssystem, bezogen unter: http://www.bmvbs.de/SharedDocs/DE/Artikel/UI/galileo-das-europaeische-satellitennavigationssystem.html?nn=36198#doc27202bodyText6, Zugriff am 28.02.2012

Bundeskanzleramt (2012): Abkommen über die Förderung, Bereitstellung und Nutzung von GALILEO und GPS Satellitennavigationssystemen und Verbundenen Anwendungen, bezogen unter: http://www.ris.bka.gv.at/Dokumente/BgblAuth/BGBLA_2012_III_34/COO_2026_100_2_727314.pdf, Zugriff am 09.04.2013

DLR (2011): Galileo: Testregion GATE in Berchtesgaden von Bundesverkehrsminister Ramsauer eröffnet, bezogen unter: http://www.dlr.de/rd/desktopdefault.aspx/tabid-7224/12028_read-28966/, Zugriff am 28.02.2012

Dodel, H. / Häupler, D. (2010): Satellitennavigation, 2. Auflage, Berlin Heidelberg: Springer Verlag GmbH

Erle, A. / Bischof, T. / Rieker, W. (2003): Abenteuer GPS. Niemals verloren gehen, 1. Auflage, Eching: wjr-Verlag

ESA Communication Department (2010): Galileo für Europas Bürger: Die Anwendungen, bezogen unter: http://www.esa.int/esaCP/SEMU698A9HE_Germany_0.html, Zugriff am 28.02.2012

EU (2002): Verordnung (EG) Nr. 876/2002 des Rates vom 21. Mai 2002 zur Gründung des gemeinsamen Unternehmens Galileo, bezogen unter: http://eur-lex.europa.eu/smartapi/cgi/sga_doc?smartapi!celexplus!prod!DocNumber&lg=de&type_doc=Regulation&an_doc=2002&nu_doc=876, Zugriff am 07.04.2013

Europäische Kommission (2012): Galileo: Testlauf für Satellitennavigation kann beginnen, Pressemitteilung, bezogen unter: http://europa.eu/rapid/press-release_IP-12-1098_de.htm, letzte Änderung am 13.10.2012, Zugriff am 28.02.2012

Hofmann-Wellenhof, B. / Lichtenegger, H. / Wasle, E. (2008): GNSS – Global Navigation Satellite Systems. GPS, GLONASS, Gallieo & more, 1. Auflage, Wien: Springer Verlag GmbH

JAXA (2006): Quasi-Zenith Satellites System, bezogen unter: http://qzss.jaxa.jp/index_e.html, Zugriff am 09.04.2013

Mansfeld, W. (2010): Satellitenortung und Navigation. Grundlagen, Wirkungsweise und Anwendung globaler Satellitennavigationssysteme, 3. Auflage, Wiesbaden: Vieweg + Teubner GWV Fachverlage GmbH.

National Coordination Office (2012): GPS.gov - GPS Modernization, bezogen unter: http://www.gps.gov/systems/gps/modernization/, letzte Änderung am 23.05.2012, Zugriff am 28.02.2013

NCO (2012): GPS.gov - NAVWAR Overview, bezogen unter: http://www.gps.gov/cgsic/.../brussels/saulay.ppt, letzte Änderung am 17.01.2013, Zugriff am 05.12.2002

NC Office (2012): GPS.gov – GPS Applications, bezogen unter: http://www.gps.gov/applications/, letzte Änderung am 10.04.2012, Zugriff am 14.01.2013

SAC (2012): IRNSS-1A, bezogen unter: http://www.sac.gov.in/SACSITE/IRNSS-1A.html, letzte Änderung am 23.07.2012, Zugriff am 09.04.2013

Schildt, H.G. (2008): Satellitennavigation – GPS, GLONASS & GALILEO, 1. Auflage, Brunn am Gebirge: LYK-Informationstechnik GmbH

Thaler, G.E. (1999): Satellitennavigation. Das Global Positioning System (GPS), 1. Auflage, Baden-Baden: Verlag für Technik und Handwerk

Zogg, J. M. (2006): Von GPS zu GALILEO – Die Weiterentwicklung der Satelliten-Navigation, in: Elektronik, 5/2006, S. 50 – 56